W0177021

Warum nicht mal deutsch?

Berthold zu Dohna

Warum nicht mal deutsch?

(Warum nicht mal deutsch?)

Eine kleine Einführung
in die Kunst des schönen Schreibens

Herausgegeben von der
»Initiative deutsche Schrift« (I. d. S.)

SCHLESWIGER DRUCK- UND VERLAGSHAUS GMBH

Titelblatt: Helmut Klein, Schubyfeld
Schrift und Gestaltung: Bruno Krüger
Foto: Heinz Teufel, Eckernförde

CIP-Kurztitelaufnahme der Deutschen Bibliothek

Dohna, Berthold zu:
Warum nicht mal deutsch? Eine kleine Einführung in die Kunst des schönen Schreibens / Berthold zu Dohna.
»Initiative deutsche Schrift« (I. d. S.). – Schleswig:
Schleswiger Druck- und Verlagshaus GmbH, 1988.

ISBN 3-88242-081-2

Copyright 1988 by
Schleswiger Druck- und Verlagshaus GmbH, 2380 Schleswig
2. überarbeitete Auflage 1988
Printed in Germany · Alle Rechte vorbehalten
Herstellung: Schleswiger Druck- und Verlagshaus GmbH,
2380 Schleswig, Stadtweg 54

Dörnbach, den 2. III. 1983

Mein lieber Junge!

Immer wieder höre ich, wie schwer es Dir fällt, meine Briefe zu lesen. Nun frage ich Dich: Soll ich mich in meinem Alter umstellen und lateinisch schreiben oder wirst du mal endlich deutsch lesen lernen?!

Innige Grüße auch an Bauz und Verena.

Dein Onkel Bernhard

Inhaltsverzeichnis

Inhaltsverzeichnis

Vorwort

Die kunsterfahrene Hand
kann durch die Zeiten dringen,
mit Übung und Verstand
sich durch die Wolken schwingen.
Das Wort hat schlechte Kraft:
die guten Schriften bleiben,
und alle Wissenschaft
beharret in dem Schreiben!

(Verfasser unbekannt)

Vorwort

Die kunsterfahrene Hand
kann durch die Zeiten dringen,
mit Übung und Verstand
sich durch die Wolken schwingen.
Das Wort hat schlechte Kraft:
die guten Schriften bleiben,
und alle Wissenschaft
beharret in dem Schreiben!

(Verfasser unbekannt)

Jahrhundertelang galt das Schreiben als eine Kunst, eine Berufung, die nur wenigen zukam. Diesen gelang es, in stetiger, strenger Übung ihr Talent zur Meisterschaft reifen zu lassen. Noch heute legen dafür die asiatischen und orientalischen Schriftzeichen wie auch die prachtvoll ausgestatteten handschriftlichen Bücher des frühen Mittelalters Zeugnis ab. Die Schrift diente nicht nur der Übermittlung von Informationen, sie war zugleich auch künstlerisches und kulturelles Ausdrucksmittel.

Jahrhundertelang galt das Schreiben als eine Kunst, eine Berufung, die nur wenigen zukam. Diesen gelang es, in stetiger strenger Übung ihr Talent zur Meisterschaft reifen zu lassen. Noch heute legen dafür die asiatischen und orientalischen Schriftzeichen wie auch die prachtvoll ausgestatteten handschriftlichen Bücher des frühen Mittelalters Zeugnis ab. Die Schrift diente nicht nur der Übermittlung von Informationen, sie war zugleich auch künstlerisches und kulturelles Ausdrucksmittel.

Die deutsche Kurrentschrift wurde im Laufe der Jahre von der lateinischen "Laufschrift" abgelöst. Es ist jedoch nicht einzusehen, warum sie – die aufs engste mit der Entwicklung der deutschen Sprache verbunden war – fast ganz in Vergessenheit geraten soll. Die "Dokumente von gestern" könnten das Fach Geschichte um einen wertvollen Punkt bereichern.

Dieses Büchlein soll uns zurückführen zu den handschriftlichen Nachlässen unserer Vorfahren. Nicht aus einem Nostalgiegefühl heraus,

Die deutsche Kurrentschrift wurde im Laufe der Jahre von der lateinischen »Laufschrift« abgelöst. Es ist jedoch nicht einzusehen, warum sie – die aufs engste mit der Entwicklung der deutschen Sprache verbunden war – fast ganz in Vergessenheit geraten soll. Die »Dokumente von gestern« könnten das Fach Geschichte um einen wertvollen Punkt bereichern.

Dieses Büchlein soll uns zurückführen zu den handschriftlichen Nachlässen unserer Vorfahren. Nicht aus einem Nostalgiegefühl heraus, sondern aus Interesse an unserer Geschichte und unserer Kultur möchte ich Sie, liebe Leser, zum Erlernen der deutschen Schrift verleiten.

Üben Sie mit mir!

Die in diesem Büchlein wiedergegebene deutsche Schrift und die vorgegebenen Beispiele sind nur so weit retuschiert worden, wie es für den Druck unerläßlich erschien. Eine geschriebene, gemalte oder gezeichnete Schrift soll die Eigenart des Schreibwerkzeuges und die Handarbeit des Schreibers erkennen lassen. Sie muß nicht wie »gedruckt« aussehen.

sondern aus Interesse an unserer Geschichte und unserer Kultur möchte ich Sie, liebe Leser, zum Erlernen der deutschen Schrift verleiten.

Üben Sie mit mir!

Zur Geschichte der Schrift

Die Entstehung der Schrift ist ebenso in Dunkel gehüllt wie der Ursprung der Sprache. Quellen deuten darauf hin, daß die westasiatisch-europäischen Schriftkreise auf das sogenannte ursemitische Alphabet zurückzuführen sind. Dieses Alphabet ordnet den Konsonanten feste Zeichen zu, die ihr Vorbild in den ägyptischen Hieroglyphen hatten und deren Entstehen in die Zeit zwischen 1400 und 1000 vor Christus fällt.

Zur Geschichte der Schrift

Die Entstehung der Schrift ist ebenso in Dunkel gehüllt wie der Ursprung der Sprache. Quellen deuten darauf hin, daß die westasiatisch-europäischen Schriftkreise auf das sogenannte ursemitische Alphabet zurückzuführen sind. Dieses Alphabet ordnet den Konsonanten feste Zeichen zu, die ihr Vorbild in den ägyptischen Hieroglyphen hatten und deren Entstehen in die Zeit zwischen 1 400 und 1 000 vor Christus fällt.

Für die europäische – letztlich die deutsche – Schriftentwicklung hat der Einfluß des Römischen Reiches entscheidende Bedeutung. Seine Einheit und die geistige Einheitlichkeit, gegeben durch die Kirche, ließen die lateinische Schrift die Schrift des Mittelalters werden. Der Ursprung aller lateinischen Schriften des Mittelalters ist die Kapitalschrift, die durch die Anwendung zu Inschriften in Stein ihre geradlinige Form bekam. Im Streben nach einer flüssigeren Schreibweise und abhängig von Material und Zweck erschienen im 3. und 4. Jahrhundert die

Für die europäische – letztlich die deutsche – Schriftentwicklung hat der Einfluß des Römischen Reiches entscheidende Bedeutung. Seine Einheit und die geistige Einheitlichkeit, gegeben durch die Kirche, ließen die lateinische Schrift die Schrift des Mittelalters werden. Der Ursprung aller lateinischen Schriften des Mittelalters ist die Kapitalschrift, die durch die Anwendung zu Inschriften in Stein ihre geradlinige Form bekam. Im Streben nach einer flüssigeren Schreibweise und abhängig von Material und Zweck erschienen im 3. und 4. Jahrhundert die

Unziala*) und die Kursive als Wegbereiter der kleinen Buchstaben und der laufenden Schrift, in der die einzelnen Zeichen des Wortes gerundet und miteinander verbunden sind.

Die darauffolgenden Jahrhunderte sind gekennzeichnet durch einen gleichzeitigen Kultur- und Schriftverfall, der erst in der Karolingerzeit, vor allem durch Karl den Großen und seine Reform des Schreibwesens, aufgefangen wurde.

Vom Anfang des 6. bis ins 9. Jahrhundert herrschte eine Schriftform vor, die für die Formenge-

*) Unzialschrift: der Name kommt von uncia, d. h., 1/12 als Längenmaß, 1/12 Fuß = 1 Zoll

Unziale) und die Kursive als Wegbereiter der kleinen Buchstaben und der laufenden Schrift, in der die einzelnen Zeichen des Wortes gerundet und miteinander verbunden sind.*

Die darauffolgenden Jahrhunderte sind gekennzeichnet durch einen gleichzeitigen Kultur- und Schriftverfall, der erst in der Karolingerzeit, vor allem durch Karl den Großen und seine Reform des Schreibwesens, aufgefangen wurde.

Vom Anfang des 6. bis ins 9. Jahrhundert herrschte eine Schriftform vor, die für die Formenge-

*) Unzialschrift: der Name kommt von uncia, d. h., 1/12 als Längenmaß, 1/12 Fuß = 1 Zoll

schichte besondere Bedeutung hatte, die sogenannte Halbunziale (auch 'runde Minuskel'). Diese entstand durch Umbildung einzelner Unzialzeichen und Übernahme einzelner Züge aus der Kursive*).

Aus der Halbunziale bildete sich durch Einwirkung der Kursive die Minuskel. Ihr wesentliches Merkmal ist, daß jeder Buchstabe unverbunden und möglichst senkrecht auf der Zeile steht. Diese Schrift setzte sich um die Mitte des 9. Jahrhunderts endgültig durch.

Am Ende des 13. Jahrhunderts

*) Kursive: Verkleinerung der Kapitalschrift, deren einzelne Zeichen zu einem Wort verbunden werden.

schichte besondere Bedeutung hatte, die sogenannte Halbunziale (auch »runde Minuskel«). Diese entstand durch Umbildung einzelner Unzialzeichen und Übernahme einzelner Züge aus der Kursive).*

Aus der Halbunziale bildete sich durch Einwirkung der Kursive die Minuskel. Ihr wesentliches Merkmal ist, daß jeder Buchstabe unverbunden und möglichst senkrecht auf der Zeile steht. Diese Schrift setzte sich um die Mitte des 9. Jahrhunderts endgültig durch.

Am Ende des 13. Jahrhunderts

*) Kursive: Verkleinerung der Kapitalschrift, deren einzelne Zeichen zu einem Wort verbunden werden.

erfolgte die entscheidende Neubildung. Aus der alten Minuskel (= kleiner Buchstabe) ging die gotische Schrift hervor. Charakteristisch für sie ist, daß alle Biegungen durch eckige Formen ersetzt wurden. Sie stellt auch den Ursprung unserer deutschen Druckschrift dar. Daneben entwickelte sich als eine flüssige Schreibform die Gotische Kursive. Aus ihr ist unsere deutsche Schreibschrift hervorgegangen. Ihre formale Prägung erhielt sie nicht zuletzt durch das verwendete Schreibwerkzeug, die Feder.

erfolgte die entscheidende Neubildung. Aus der alten Minuskel (= kleiner Buchstabe) ging die gotische Schrift hervor. Charakteristisch für sie ist, daß alle Biegungen durch eckige Formen ersetzt wurden. Sie stellt auch den Ursprung unserer deutschen Druckschrift dar. Daneben entwickelte sich als eine flüssige Schreibform die Gotische Kursive. Aus ihr ist unsere deutsche Schreibschrift hervorgegangen. Ihre formale Prägung erhielt sie nicht zuletzt durch das verwendete Schreibwerkzeug, die Feder.

CAPITALIS

UNZIALE

Halbunziale

KURSIVE

Minuskel

Gotisch

deutsche Schreibschrift

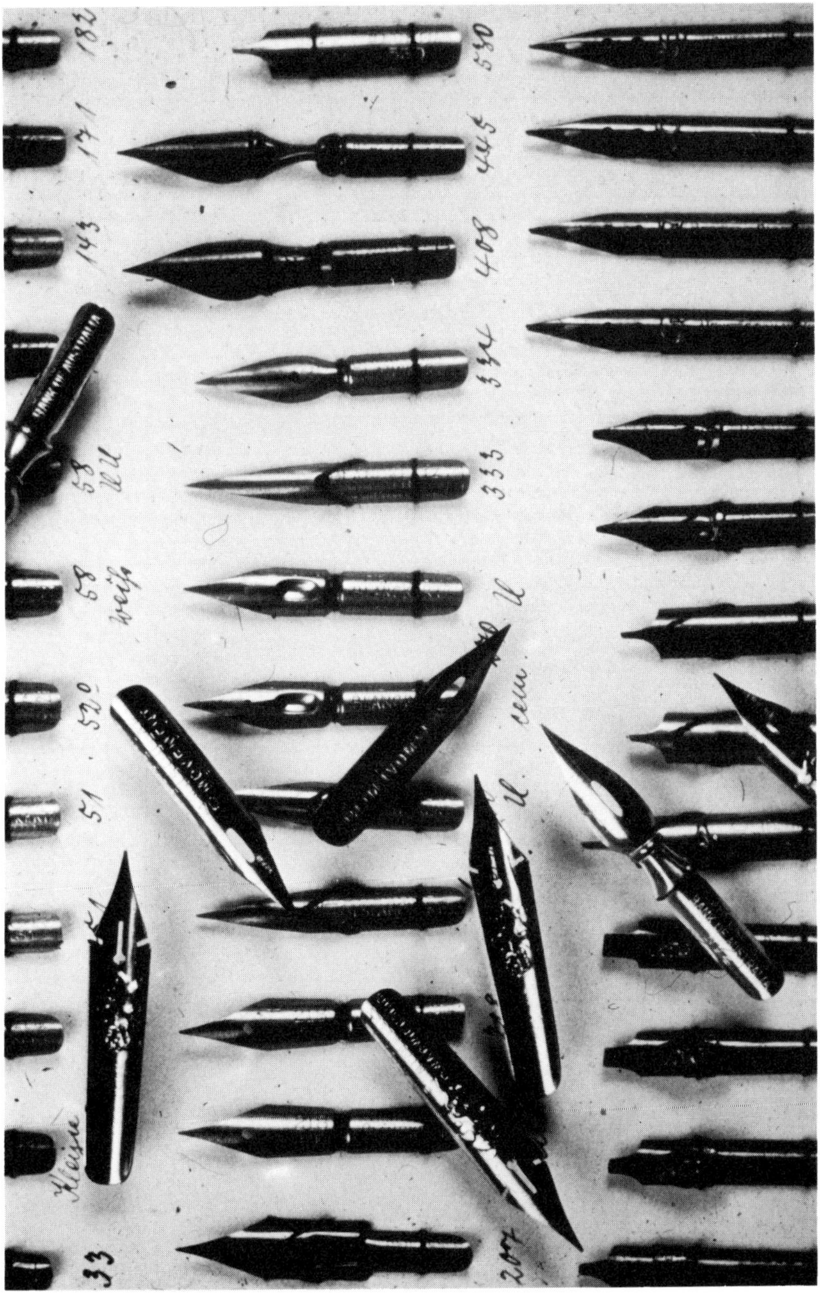

Foto: Liesa Siegelmann, London

Die Feder, die Tinte, das Papier

Um die deutsche Schrift der Vorlage entsprechend wiederzugeben, müssen ganz bestimmte Voraussetzungen erfüllt werden.

Das beginnt mit dem Tisch, der Unterlage und dem Licht. Am besten setzt man sich in Fensternähe. Das Tageslicht ist immer noch die günstigste Beleuchtung für den Schreiber der deutschen Schrift. Früher war es der Kanzleisekretär, der die Kunst des Schreibens am Katheder ausübte. Dieses Pult hatte eine

Die Feder, die Tinte, das Papier

Um die deutsche Schrift der Vorlage entsprechend wiederzugeben, müssen ganz bestimmte Voraussetzungen erfüllt werden.

Das beginnt mit dem Tisch, der Unterlage und dem Licht. Am besten setzt man sich in Fensternähe. Das Tageslicht ist immer noch die günstigste Beleuchtung für den Schreiber der deutschen Schrift. Früher war es der Kanzleisekretär, der die Kunst des Schreibens am Katheder ausübte. Dieses Pult hatte eine

Neigung von etwa 30 bis 40 Grad. So etwa kann man am bequemsten den Unterarm auflegen und ermüdungsfrei schreiben. Aber der flache Tisch tut's auch. Wichtig ist nur, für eine glatte und nicht nachgebende Unterlage zu sorgen. Ein starker Karton (Zeichenkarton) wäre ideal.

Zum "Werkzeug" gehört die Feder mit dem Federhalter. Beides bekommt man in einem Zeichen- und Grafikerbedarfsgeschäft. Ich empfehle die Rundfeder № 66 EF von Brause, Iserlohn, die Feder № 850 von JOSEPH GILLOTT'S superfine LONGSHOULDER CROW QUILL, ENGLAND oder № 659, gleichfalls

Neigung von etwa 30 bis 40 Grad. So etwa kann man am bequemsten den Unterarm auflegen und ermüdungsfrei schreiben. Aber der flache Tisch tut's auch. Wichtig ist nur, für eine glatte und nicht nachgebende Unterlage zu sorgen. Ein starker Karton (Zeichenkarton) wäre ideal.

Zum »Werkzeug« gehört die Feder mit dem Federhalter. Beides bekommt man in einem Zeichen- und Grafikerbedarfsgeschäft. Ich empfehle die Stenofeder No 66 EF von Brause, Iserlohn, die Feder No 850 von JOSEPH GILLOTT'S superfine LONGSHOULDER CROW QUILL, ENGLAND oder *No 659,* gleichfalls

von JOSEPH GILLOTT. Man kann jedoch
auch einen Füllfederhalter oder
jedes andere Schreibzeug benutzen,
mit dem sich Haar-, Grund- oder
Wechselzüge, eine geschwungene
Linie oder Doppelbögen ziehen
lassen.

Wer allerdings den Ehrgeiz hat,
nun auch noch ganz zünftig mit
den gleichen Utensilien zu Wer-
ke zu gehen, mit denen früher
geschrieben wurde, dem sei emp-
fohlen, sich die betreffende An-
leitung per Postkarte anzufordern
(Bestellschein am Schluß des
Büchleins). Noch ein paar Be-
merkungen zur Tinte. Es ist

von JOSEPH GILLOTT. *Man kann jedoch auch einen Füllfederhalter oder jedes andere Schreibzeug benutzen, mit dem sich Haar-, Grund- oder Wechselzüge, eine geschwungene Linie oder Doppelbögen ziehen lassen.*

Wer allerdings den Ehrgeiz hat, nun auch noch ganz zünftig mit den gleichen Utensilien zu Werke zu gehen, mit denen früher geschrieben wurde, dem sei empfohlen, sich die betreffende Anleitung per Postkarte anzufordern (Bestellschein am Schluß des Büchleins). Noch ein paar Bemerkungen zur Tinte. Es ist völlig ausreichend, eine ganz normale Füllhaltertinte, blau oder schwarz, zu benutzen. Natürlich eignet sich auch farbige Ausziehtusche. Nur trocknet diese langsamer, und auf dem Papier, das vorzugsweise genommen werden sollte, dauert es entsprechend länger.

Da wäre also noch das Papier. Die Feder muß ruckfrei über die Fläche gleiten können. Dafür eignet sich am besten Hochglanzpapier.

völlig ausreichend, eine ganz normale Füllhaltertinte, blau oder schwarz, zu benutzen. Natürlich eignet sich auch farbige Ausziehtusche. Nur trocknet diese langsamer, und auf dem Papier, das vorzugsweise genommen werden sollte, dauert es entsprechend länger.

Da wäre also noch das Papier. Die Feder muß ruckfrei über die Fläche gleiten können. Dafür eignet sich am besten Hochglanzpapier.

Das Alphabet

a b c d e f g h i j k l m n

o p q r ſ s ß t u v w x y z

A B C D E F G H I J K L M N

O P Q R S T U V W X Y Z

Bitte beachten Sie das Löschblatt mit den S-Regeln!

Dieses Alphabet ist in der Fibel- und Kanzleischrift dargestellt, wie sie sich vom späten Mittelalter bis zum 19. Jahrhundert ausbildete.

Die vorgedruckte linierte Einteilung ist für die exakte Wiedergabe der Übung unerläßlich.

Das Alphabet

a b c d e f g h i j k l m n

o p q r s s ß t u v w x y z

A B C D E F G H I J K L M N

O P Q R S T U V W X Y Z

Bitte beachten Sie das Löschblatt mit den S-Regeln!

Dieses Alphabet ist in der Fibel- und Kanzleischrift dargestellt, wie sie sich vom späten Mittelalter bis zum 19. Jahrhundert ausbildete.

Die vorgedruckte liniierte Einteilung ist für die exakte Wiedergabe der Übung unerläßlich.

Grundbestandteile der Schrift

Dem vorgestellten Alphabet entnehmen wir in der Hauptsache zwei Kriterien:

1. Grundbestandteile, bei denen man unterscheidet

Haarstrich

Grundstrich

Keilstrich

Wechselzug

Seitenbogen

Doppelbogen

Grundbestandteile der Schrift

Dem vorgestellten Alphabet entnehmen wir in der Hauptsache zwei Kriterien:

1. Grundbestandteile, bei denen man unterscheidet

Haarstrich 

Grundstrich 

Keilstrich 

Wechselzug 

Seitenbogen 

Doppelbogen 

2. Die Länge und Größe der Buchstaben, aus der sich folgende Einteilung ergibt:

Mittelbuchstaben z.B. n, o, v

Oberlängen z.B. t, l, k

Unterlängen z.B. j, g, z

ganze Längen z.B. ſ, f, h

2. Die Länge und Größe der Buchstaben, aus der sich folgende Einteilung ergibt:

Mittelbuchstaben, z. B. n, o, v

Oberlängen, z. B. t, l, k

Unterlängen, z. B. j, g, z

ganze Längen, z. B. s, f, h

Das Schreiben – Übungsteile

Das Schreiben – Übungsteile

Bienen

i i i i i i i i i i

e e e e e e

ie ie ie ie ie ie

i i i i i i i i

e e e e e e

ie ie ie ie ie

Hühnerei

e e e e e e e e e e

ei ei ei ei ei ei ei

nie nie nie nie nie

nein nein nein nein

einen einen einen

immer immer immer

Lampe

a a a a a a a

m m m m m

am am am am

man man man man

mein na an nimm

amen menen im

Maus

u u u u u u u

au au au au au

s s s s s s s

aus aus aus aus aus

nun nun nun nun

innun uns aus ins

Neujahr

eu eu eu eu eu

j j j j j j j j j

ja ja ja ja ja ja ja

neuen neuen neuen

je je je je je je

neu neu neu neu

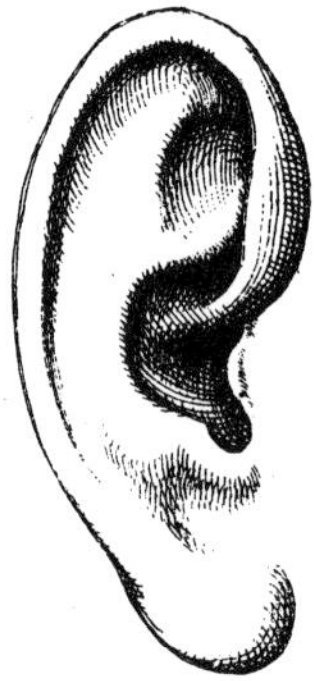

Ohr

r r r r r r r r r r

h h h h h h h h h h

rinnen rein rar rauh

hier hemmen herren

riechen reihen nah nur

nehmen mauern narren

Anwendung von langem ſ und Schluß-s:

Das lange ſ ſteht am Beginn einer Silbe,
z. B. ſagen, leſen, Fernſehen.
Es ſteht auch in den Lautverbindungen ſch,
ſp, ſt und ſſ, z. B. ſchön, liſpeln, ſtellen, eſſen.
Bei der Trennung bleiben ſp und ſſ erhalten,
alſo liſ-peln, eſ-ſen.
In mehrſilbigen Wörtern ſteht am
Silbenende s, z. B. Mustopf, loslaſſen.
Bei zuſammengeſetzten Wörtern ſteht in der
Wortfuge sſ, z. B. Ausſicht, Ausſage.
Doppel-ſſ wird am Silbenende zu ß,
z. B. Schlöſſer, Schloß, Fäſſer, Faß.

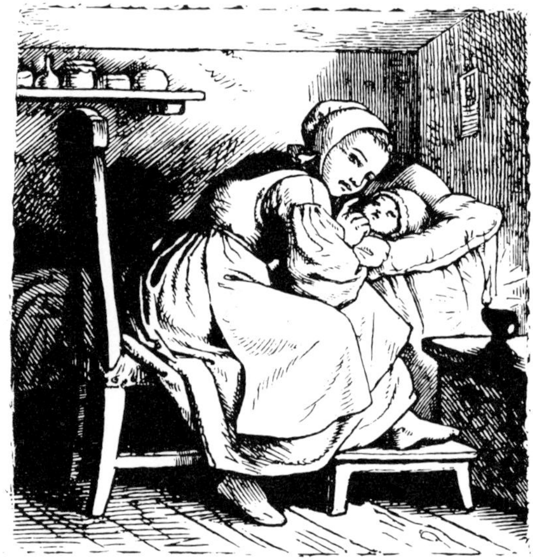

Abendgesang

ſ ſ ſ ſ ſ ſ ſ ſ ſ ſ ſ ſ ſ

ſie ſehr ſehen ſei ſah

raſen reiſen wieſen

haſſen hauſen ſinnieren

ſauſen ſummieren

ſehnen raſieren ſauer

Schafe

f f f f f f f f f f f

fahren fuchs einseifen

fein fast feiern fiern

fahnden freuen feuern

frieren feiern frei

auf raufen reifen

Uhrwerk

w w w w w w

werfen hinweisen

wir aufweisen war

wessen weich wenn

wahrnehmen waren

wen wir warum

Jäger

ä ä ä ä ä ä

wäre ärmer nähen

nähern nähen wässern

jäh ernähren säugen

äsen säumen nässen

säen räumen nähren

Igel

g g g g g g g g

gern regen fragen arg

nagen saugen fügen

fegen ärgern gähnen

jagen legen gürten

feige sagen ragen

Storch

o o o o o o o o

rosa morgen offen oh

ohne opfern hoffen so

rumoren gesprochen wogen

hofieren formen roh

wohl sorgen famos

Löwe

ö ö ö ö ö ö

mögen gewöhnen höher

föhnig eiförmig öffnen

frönen mörsern hören

höhnen hörig aushöhlen

gehören hörbar gönnen

Küken

ü ü ü ü ü

hüpfen genügen grün

sühnen führen rühren

grünen früher fügsam

rügen süffig rümpfen

rühmen fügen für

Fisch

sch sch sch sch sch sch

schwimmen rasch schön

fischen scheinen schaffen

schön huschen schienen

schwingen rauschen schier

schauen mischen schonen

Ernte

t t t t t t t t t t

tragen tauschen tun rot

treten tot tief warten

nisten taufen nötig töte

rasten orten turnen

trauern tuchen meist

Angler

l l l l l l l l l

laufen malen anliefern

laut gelten lösen falten

helfen liefern lesen leise

lauern leiten hallen los

lesen loten listig lieb

Katze

z tz z tz z tz z tz

zählen stützen zwischen

ziehen schätzen zögern

benutzen zeitig beherzt

zeigen hetzen zähmen

erzeugen benützen trotz

Waldkauz

d d d d d d d d d d

doch meiden gnädig das

dürfen tragend münden

dreist beneiden gründen

driften tradiert denn

deuten dort da der die

Pumpe

p p p p p p p p p p p

passen verpuppen piff

prassen stolpern stoppen

poltern paffen pompös

rupfen pausen pfeifen

versteppen wappen pfiff

Melkerin

k k k k k k k k k k

klug werken kommen

merken kürzen funkeln

kräftig harken kugeln

kennen dackeln kreisen

häkeln kämpfen kurz

Dachdecker

ch ck ch ck ch ck ch ck

machen rechnen suchen

aushecken drücken ruck

hoch chaotisch noch nach

zacken stecken knacken

schmecken zwicken stricken

Ziegenbock

b b b b b b b b

backen braten bitten

hinab Knebeln breit

beheben loben erleben

bitter bringen herab

betrügen erheben toben

Bequem ruhen

q q q q q q q

quaken quetschen quer

quälen quicklebendig

quantitativ bequem

qualifizieren quellen

quadratisch quietschen

Spielverderber

v v v v v v v v

verführen verbinden vor

brav vertreiben vierteln

hervorragend jovial voll

nervös trivial nervlich

provinziell provisorisch

Hexe

X X X X X X X

hexen praxisfern mixen

nixenhaft x-beliebig fix

approximativ maximieren

mexikanisch verflixt

kraxeln extrahieren extra

Thymian

y y y y y y y

anonym hypnotisieren

analysieren typisch hyper

nymphenhaft paralysieren

etymologisch mystifizieren

pyramidenförmig physisch

Die Dorfidylle

D D D D D D

Dorf Donner Distel Dom

Daumen Diesseits Dose

Dackel Dachdecker Dienst

Doktor Drachen Decke

Dreirad Dreck Dagmar

Der Ofen

O O O O O O O O O

Obst Ostern Onkel Orakel

Otter Ohr Omen Oktober Öl

Öffnung Olga Ödland Ort

Orgel Orden Obst Oleander

Omnibus Ochse Ober Oder

Die Axt

A A A A A A A A A

Ampel Aster Alster Acker

Angel Affe Auge Auster

Ausgang Ahnen Ähren

Auto Anton Argon All

Autor Azteke Anmeldung

Die Gans

G G G G G G G G G

Garn Gockel Gatter Gold

Glocke Ginster Geschwister

Glas Gebirge Gnade Grube

Gast Gärtner Glück Gurt

Geologe Gurke Geier Gral

Das Storchennest

S St Sch S St Sch S St Sch

Saat Stimme Schwimmer

Sonne Sterne Schwamm

Sommer Steppe Schule Sog

Suppe Staat Schnee See

Sämann Stroh Schraube Sie

Die Nacht

N N N N N N N N

Nebel Nase Nabel Nagel

Not Natur Nacht Nächte

Nessel Neger Null Nerz

Norden Nuß Nelke Niere

Name Nachtür Nudel

Die Mühle

M M M M M M M

Müller Mantel Marder

Mahl Muschel Mutter

Muster Meister Mieter

Milch Mut Markt Mär

März Maulkorb Mistel

Die Krähe

K K K K K K K K K K

Kuh Krebs Kohl Kellner

Kartoffel Kiste Kaffee

Kreisel Korn Koch Klaus

Kasten Kaufmann Kugel

Keller Kornblume Kurs

Die Violine

V V V V V V V V

Vase Vergißmeinnicht

Vogel Vater Vetter Velour

Vulkan Verband Vanille

Vorbau Vielfraß Viertel

Veilchen Verb Volk Verb

Der Winter

W W W W W W

Weide Wachtel Wagen

Wicht Wiesel Wimpel

Wache Wort Wald Wild

Wette Werk Wiederkehr

Wiedehopf Windung Weg

Der Zaunkönig

Z Z Z Z Z Z Z Z

Zunge Zwerg Zwirn

Zwiebel Zustrom Zunft

Zimmer Zelt Zwillinge

Zange Zander Zweig Zoo

Zimmermann Zecke Zier

Der Fuchs

F F F F F F F F F F F F

Feder Fabel Fleisch Fisch

Frau Falle Fenster Feld

Flieder Freitreppe Fasan

Fridolin Friesland Frosch

Flugzeug Farnkraut Flur

Isolde, Irmhild und Ida

I I I I I I I I I

Iltis Immer Irland Isar

Ingrid Immergrün Idee

Island Irrtum Insel Inn

Inder Ikarus Isegrimm

Industrie Infant Insekt

Der Landmann

L L L L L L L L L L

Leine Laterne Leid Luft

Löffel Lage Leiter Lob

Leute Last Literatur List

Linde Lüge Liter Lack

Lerche Lindwurm Leier

Die Baumgruppe

B b B b B b B b

Balken Bach Bund Bad

Bisamratte Berlin Burg

Bauch Baustelle Besen Ball

Boden Biedermann Berg

braten Balken Buchfink

Der Hühnerhof

H H H H H H H H H

Hecke Hahn Husten Heft

Hexe Hostie Hose Haare

Hamster Herz Hülle Harz

Hund Hummer Halt Hut

Held Herr Hölle Holland

Der Reiter

R R R R R R R

Ritter Rattenfänger Ruder

Rosen Raum Rose Rasen

Reise Ruß Raub Rüstung

Reis Rahmen Ruhen Rad

Rede Rille Rand Riemen

Der Uhu

U U U U U U U U U

Urlaub Ufer Urzeit Unrat

Übung Ute Uwe Unke

Uhr Ulme Unterpfand Udo

Umsatz Überfluß Urahn

Umlaut Uran Umsicht Ulk

Die Tauben

T T T T T T T

Tanne Tümpel Titel

Tafel Trab Tor Trauer

Topf Tag Tanz Triumph

Tiger Traube Teig Tee

Tisch Tante Tube Trug

Der Jäger

J J J J J J J J

Jupiter Jacke Januar

Joch Justiz Juli Jod

Jerusalem Jutta Junge

Jagd Johann Jakob Juni

Jasmin Jünger Justus

Der Pudel

P P P P P P P P

Pumpe Puter Perle Pol

Piste Pampelmuse Pacht

Pfad Priester Park Pedale

Preis Papa Pfau Pflanze

Papier Primel Pfarrer

Das Eichhörnchen

E E E E E E E E

Esel Eber Eile Ernte Erz

Eimer Echo Ende Euter Ei

Engel Ente Eukalyptus

Ekel Este Efeulaub Eiche

Eule Erbe Eifer Eifersucht

Der Chor

C C C C C C C C

Christ Charakter Cornelia

Chitin Chemie Chronik

Cabriolet China Carmen

Chance Couch Cuxhaven

Chef Chicago Cut Chester

Die Quelle

Q Q Q Q Q Q Q Q Q

Qualle Querulant Quiz

Quitte Quatsch Quittung

Quotient Quinta Quese

Quaste Querverbindung

Quark Quecksilber Quarz

Xenia mit Limone

X X X X X X

Xenon Xanthippe Xerxes

Xylophon Xylometer Xi

X-Beine Xerographie

Xylograph Xanthophyll

Xylose Xanten Xaver

York der Eseltreiber

Y Y Y Y Y Y Y

Yukon Yvonne Ysop

Yucca Yukatan Yoga

Yokohama Yankee Yen

Yellowstone Yacht Yeti

Yard Yonne Ytterium

Leseübungen

Buntes Allerlei aus Großmutters besten Schuljahren

Sprichwörter:

Aller Anfang ist schwer,
das Ende desto leichter.

Übung macht den Meister,
Geduld überwindet alles.

Fleiß und Kunst liebt jedermann, hast du Arbeit, frisch daran.

Wer was kann, den hält man wert, den Ungeschickten niemand begehrt.

Was Hänschen nicht lernt,
du, merke dir Lehr';
das lernt der Hans wohl
nimmermehr.
Sich regen bringt Segen.
Gut' Ding will Weile haben.
Wer langsam geht, kommt
auch zum Ziel.
Morgenstund' hat Gold im
Mund
Ein Spatz in der Hand ist
besser als die Taube auf dem
Dach.
Nach Regen folgt Sonnenschein.
Der Mensch denkt, Gott lenkt.
Wer andern eine Grube gräbt,
fällt selbst hinein.

Inschriften:

Lernst was, kannst was,
Kannst was, wirst was,
Wirst was, bist was,
Bist was, hast was.

Wo Eintracht, da Friede,
Wo Friede, da Liebe,
Wo Liebe, da Segen,
Wo Segen, da Gott,
Wo Gott, keine Not.

In meinem Zimmer
rußt der Ofen,
in meinem Herzen
ruhst nur Du.

Wer mehr will als er kann,
ist ein Dilettant,
Wer das kann, was er will,
ist ein Talent,
Wer mehr kann, als er will,
ist ein Genie.

Glaube nicht alles, was du
hörst,
So wirst du nicht betrogen.
Sage nicht alles, was du weißt,
So bleibt man dir gewogen.
Liebe nicht alles, was du siehest,
Es möchte dir sein gefährlich.
Tue nicht alles, was du willst,
Es möchte dir sein beschwerlich.

Stabreime

Thomas trank tausend Tassen Tee.
Wir Wiener Waschweiber wür-
den weiße Wäsche waschen,
wenn wir wüßten, wo
warmes Waschwasser wäre.
Ein Student in Stulpenstiefeln
stand auf einem spitzen Stein
und starrte staunend stunden-
lang die stummen, stillen
Sterne an.
Zwischen zahlreichen Zeugnis-
sen zivilisierter Zonen zählt
Zoomanns Zitatenschatz zum
Zentralmagazin zielbewußter
Zitatenfreunde.

Beispiele verschiedener Schriften

„Kinder," spricht die Mutter Hase,
„putzt euch noch einmal die Nase
mit dem Kohlblatt-Taschentuch!
Nehmt nun Tafel, Stift und Buch!
Tunkt euch eure Schwänzchen ein!
Sind denn eure Pfötchen rein?"
„Ja!" – „Nun marsch, zur Schule gehn!"
„Mütterchen, auf Wiedersehn!"

Die Häschenschule, Koch-Gotha und Sixtus, Hahns Verlag, Leipzig
(sog. »Sütterlinschrift« nach Ludwig Sütterlin)

Wandle stets auf Rosenwegen,
Durch das Pilgerleben hin.
Deinem fernsten Ziel entgegen:
Heiterkeit und froher Sinn
Weh als Schutzgeist Dir zur Seite
Und Freundschaft im Rosengewand
Möge durch's Leben Dich leiten
Von hinnen ins bessere Land.

Die herzlichsten Wünsche für Dein Wohl meine liebste Freundin! werden auch entfernt nie erlöschen in dem Herzen Deiner Dich liebenden

Henriette Schönermarck

Königsberg d. 26t Febr.
1804.

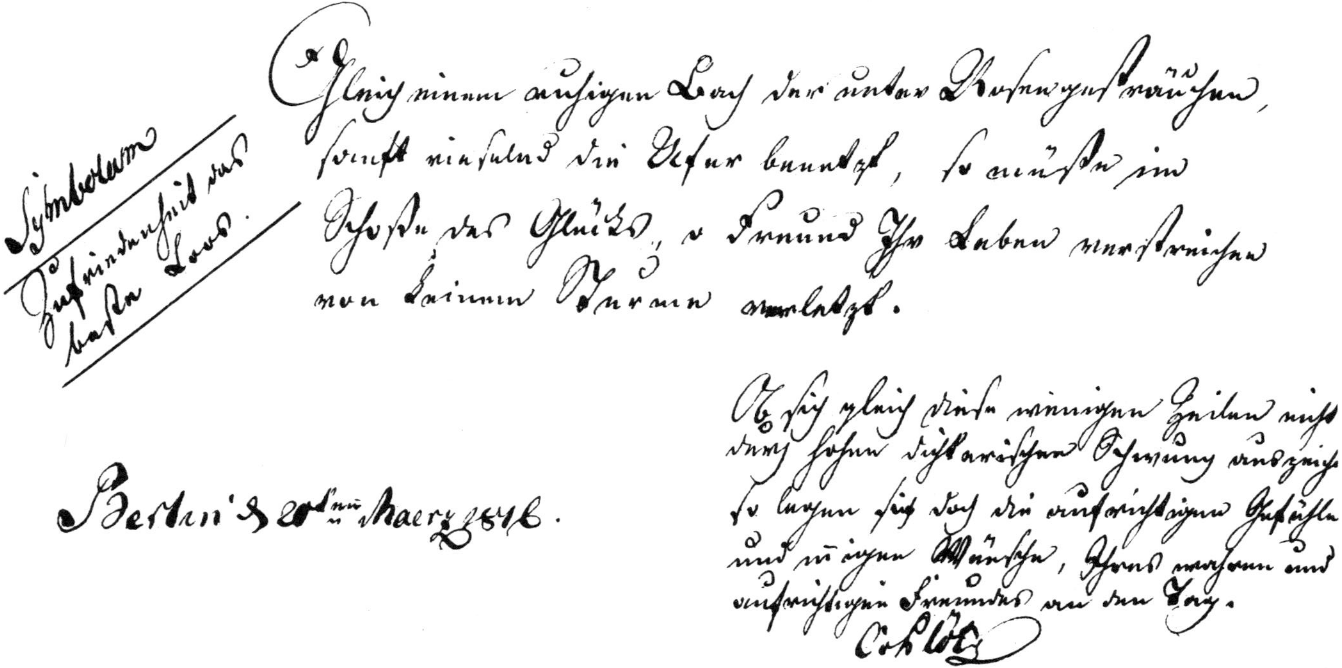
Symbolum
Zufriedenheit das beste Loos.

Gleich einem ruhigen Bach der unter Rosengesträuchen, sanft einhalend die Ufer benetzt, so müßte ein Strom des Glücks, o Freund Ihr Leben umschleichen von keinem Sturm verletzt.

Berlin d. 20ten Maerz 1816.

Ob sich gleich diese wenigen Zeilen nicht durch hohen dichterischen Schwung auszeichnen, so legen sie doch die aufrichtigen Gefühle und innigen Wünsche, Ihres wahren und aufrichtigen Freundes an den Tag.

I. d. S. – Handschriftenstudio

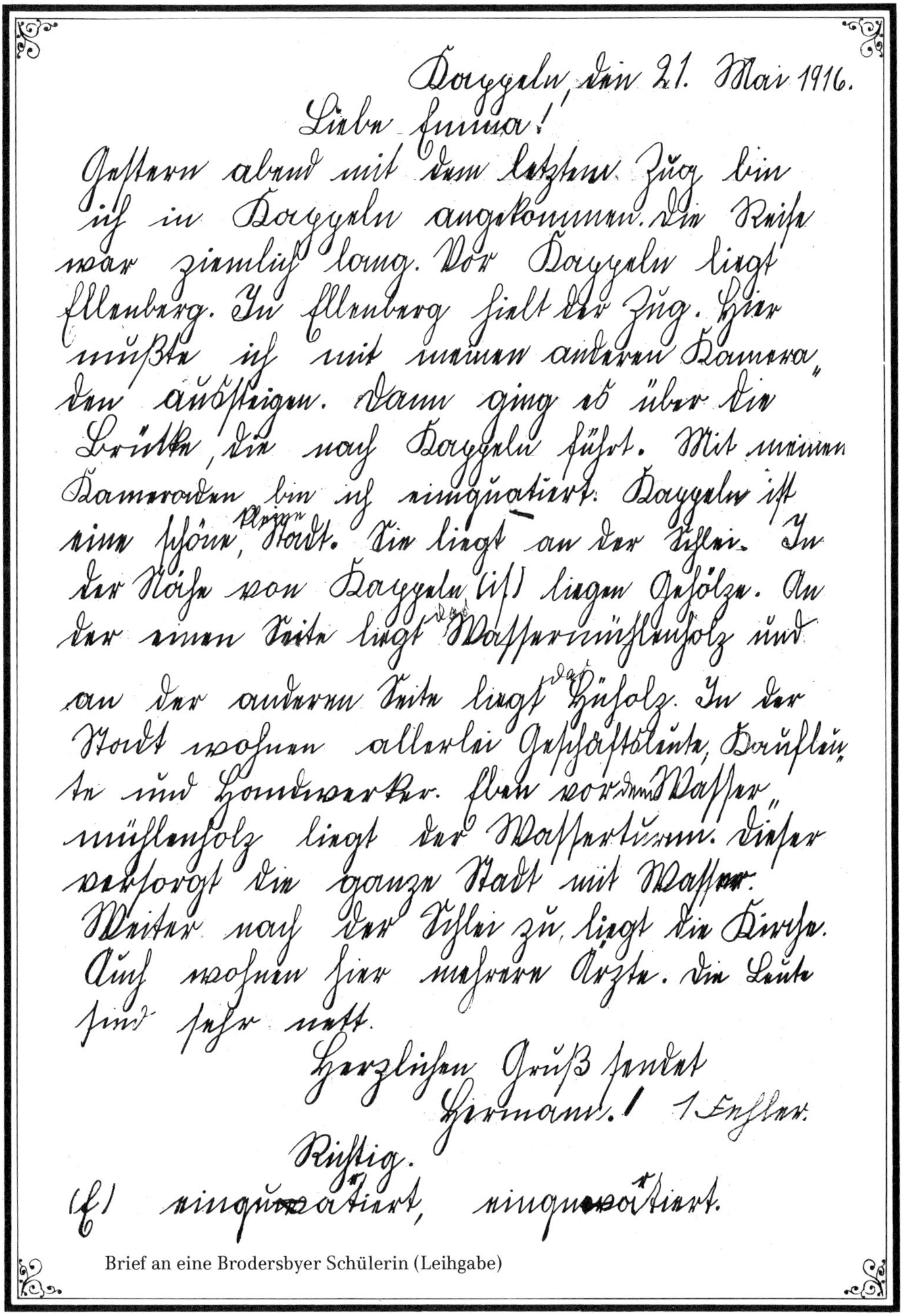

Kappeln, den 21. Mai 1916.

Liebe Emma!

Gestern abend mit dem letzten Zug bin ich in Kappeln angekommen. Die Reise war ziemlich lang. Vor Kappeln liegt Ellenberg. In Ellenberg hielt der Zug. Hier mußte ich mit meinem anderen Kameraden aussteigen. Dann ging es über die Brücke, die nach Kappeln führt. Mit meinem Kameraden bin ich einquatiert. Kappeln ist eine schöne, kleine Stadt. Sie liegt an der Schlei. In der Nähe von Kappeln (ist) liegen Gehölze. An der einen Seite liegt das Wassermühlenholz und an der anderen Seite liegt das Hüholz. In der Stadt wohnen allerlei Geschäftsleute, Kaufleute und Handwerker. Eben vor dem Wassermühlenholz liegt der Wasserturm. Dieser versorgt die ganze Stadt mit Wasser. Weiter nach der Schlei zu, liegt die Kirche. Auch wohnen hier mehrere Ärzte. Die Leute sind sehr nett.

Herzlichen Gruß sendet
Hermann. / 1 Fehler.

Rüstig.

(F) einquartiert, einquartiert.

Brief an eine Brodersbyer Schülerin (Leihgabe)

Speisenfolge

1. April 1895.

Kraftbrühe mit Rindermark.
Sellerie Suppe.

Seezunge auf normannische Art.
Rheinlachsschnitten gebraten.

Hammelrücken garnirt.
Rindfleisch mit Meerrettig.

Straßburger Gänseleberpastete in Teig.
Blätterteig-Pastetchen mit Würfelfülle.

Französische Poularde. Compot, Salat.

Stangenspargel.
fr. Bohnen.

Gefrorenes.
Fruchtkuchen.
Obst. Butter und Käse.

I. d. S. – Handschriftenstudio (Tiefdruck)

Meinen geehrten Kunden zeige
ich hierdurch ergebenst an, daß sich
mein Geschäft vom 1. Okt. an nicht
mehr Wallstraße, sondern Linden-
straße Nr. 15 befindet.
Rendsburg, d. 16. Sept. 1907.
H. Wulff, Schuhmacher.

Meinen geehrten Kunden
zeige ich hierdurch ergebenst an, daß sich
mein Geschäft vom 1. Okt. an nicht
mehr Wallstraße, sondern Linden-
straße Nr. 15 befindet.
Rendsburg, d. 16. Sept. 1907.
H. Wulff, Schuhmacher.

S. D. K. M.

Nachdem über die Competenz zur Wahrnehmung der administrativen Polizei auf der Schlei und den dazu gehörigen Gewässern Zweifel entstanden sind, und die Umstände eine deshalbige Verfügung erfordern, so wird das Gottorfer Amthaus hierdurch bevollmächtigt, auf der Schlei in den sämmtlichen vom Burggraben incl. an bis zu Schleimünde sich erstreckenden zur Schlei gehörigen Gewässern, mit Ausnahme des Hafens, Bereichs der Stadt Schleswig und des Fleckens Kappeln, die weitere Administrative Polizei auszuüben. Sollten jedoch die Umstände die Erlassung allgemeiner oder besonderer polizeilicher Regeln, Mandate nöthig machen sollten, wird das Amthaus vorgängig deshalb das Erforderliche bei der Regierung zu beantragen haben. –

Urkundlich etc. Gegeben etc. auf Gottorff den 10ten Juli 1846. –

L. S.

P. P.

Auf Euer Hochwohlgeboren gefällige Anfrage vom 21. d. Mts., betreffend die Akten des vormaligen Obergerichts hierselbst, erwidert die Regierung ergebenst, daß sich zur Zeit nicht übersehen läßt, ob Akten bezeichneter Art sich unter den zu vernichtenden befinden, weil Repertorien über letztere nicht vorhanden sind. Vor der Vernichtung werden indessen die Akten einer Durchsicht unterworfen und soll, falls sich dabei Mittheilenswerthes finden sollte, dieses zur Verfügung gestellt werden.

[illegible]

P. P.

An
den Königlichen Landrath
Herrn von Rumohr,
Hochwohlgeboren
Plön

Aus dem Archiv des Dr. Henning von Rumohr, Drült

Nachwort

Ich hoffe, liebe Leser- und vielleicht schon Schreiber-, daß unsere kleine Einführung in die deutsche Schrift eine Anregung ist, sich mit einem Stück Tradition zu beschäftigen, das nicht in Vergessenheit geraten sollte. Ich hoffe auch – in einem durchaus vergnüglichen Sinne – Ihre Reaktion erfahren zu dürfen. Berichten Sie mir bitte von Ihren Bemühungen und Erfolgen sowie Ihren Schwierigkeiten.

Nachwort

Ich hoffe, liebe Leser – und vielleicht schon Schreiber –, daß unsere kleine Einführung in die deutsche Schrift eine Anregung ist, sich mit einem Stück Tradition zu beschäftigen, das nicht in Vergessenheit geraten sollte. Ich hoffe auch – in einem durchaus vergnüglichen Sinne – Ihre Reaktionen erfahren zu dürfen. Berichten Sie mir bitte von Ihren Bemühungen und Erfolgen sowie Ihren Schwierigkeiten.

Ihre Kritik, Vorschläge und Ideen sind mir sehr willkommen; denn ich möchte hiermit eine Initiative ins Leben rufen, einen Austausch anregen, eine Begegnung, wenn man so will, im Buchstäblichen, in der Freude am gelungenen Federstrich.

Berthold zu Dohna

"Initiative deutsche Schrift"

Ihre Kritik, Vorschläge und Ideen sind mir sehr willkommen; denn ich möchte hiermit eine Initiative ins Leben rufen, einen Austausch anregen, eine Begegnung, wenn man so will, im Buchstäblichen, in der Freude am gelungenen Federstrich.

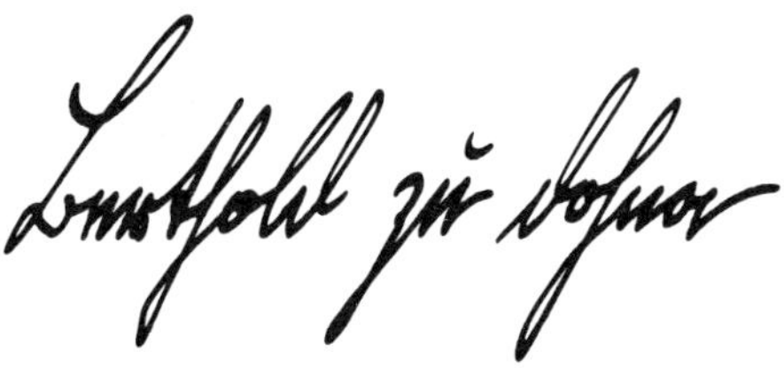

»Initiative deutsche Schrift«

Anschrift:
»Initiative deutsche Schrift« (I. d. S.)
Berthold zu Dohna
2347 Kiesby/Schlei

Literatur

Fibeln der historischen Lehrmittelsammlung der PH Kiel.
Z. B.: Der kleine Kinderfreund, Fibel nach Normalwörtermethode, Herzogliche Hofbuchdruckerei Gadow & Sohn, Hildburghausen 1884.
Schulze und Giggel, Des Kindes erstes Schulbuch, Verlag Thienemann in Gotha 1873.
W. Tanck, Fibel oder der erste Lesestoff, G. v. Maack's Buchhandlung, Kiel 1873.

R. Stübe, Der Ursprung des Alphabetes und seine Entwicklung, Heintze und Blanckertz, Berlin.
Karl Brandi, Unsere Schrift, Vandenhoeck u. Ruprecht, Göttingen 1911.
Hans Ruhe und Christian Tränckner, Schleswig-Holsteinisches Liederbuch, Paul Hartung Verlag, Flensburg/Kiel 1922.
H. Herzog, Das Sprichwort in der Volksschule, Bahnmaier's Verlag, Basel 1868.